AF468620

EXAMEN

RAISONNÉ

DE LA CONDUITE DES DERNIÈRES CHAMBRES DE BONAPARTE,

ET DES DROITS QU'ELLES S'ARROGÈRENT.

Par M. G.

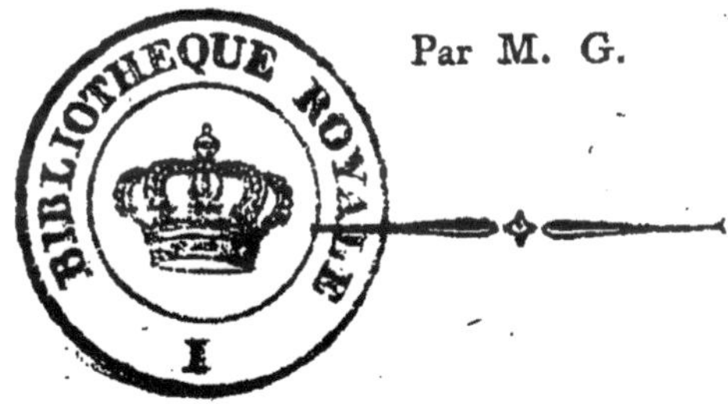

Se trouve à Paris,

Chez M. PÉLISSIER, Libraire, galerie de la première cour du Palais royal.

A MELUN, de l'imprimerie de LEFÈVRE-COMPIGNY.

Août 1815.

EXAMEN RAISONNÉ

DE LA CONDUITE DES DERNIÈRES CHAMBRES DE BONAPARTE,

Et des droits qu'elles s'arrogèrent.

L'EXAMEN de la conduite des chambres établies par la dernière constitution de Bonaparte, est d'abord très-important, parce que cette conduite a donné une direction nouvelle aux idées d'une portion du peuple français; parce qu'elle a réveillé tous les sentimens contraires à l'ordre politique; parce qu'elle a fait renaître les espérances criminelles des partisans de l'anarchie, porté l'épouvante dans le cœur des vrais citoyens, et parce qu'elle a éminemment exposé le sort de cette portion égarée et même celui de tous les Français; mais ce qui rend cet examen encore plus utile, c'est la nécessité d'empêcher que l'exemple, essentiellement redoutable, qui vient d'avoir lieu, et qui est inconnu dans l'histoire des peuples, ne se reproduise. Il s'est offert, lorsqu'on a vu une députation d'une partie de la France, qui n'avait aucune mission pour se constituer en états généraux ou assemblée nationale, exercer, dans toute son étendue, le droit suprême de la souveraineté. Cet exemple est si dangereux, que si la justice des nations ne se soulève pour anéantir jusqu'à l'idée de son existence, aucune n'aura de garantie, ni de sa liberté ni de son indépendance. Des actions semblables à celles qu'il présente, peuvent détruire tous les liens, tous les rapports de la société européenne, et l'Europe peut tomber dans des révolutions continuelles, dont sa perte totale serait l'effet. Ceci est incontestable : si un fragment d'état, si les députés de quelques provinces osent se déclarer le souverain général, ils pourront, lorsqu'ils seront soutenus par un chef de troupes, et à l'appui de l'hypocrisie, qui abusera l'ignorance des peuples, exciter les soulèvemens les plus redoutables, et renverser à leur gré les gouvernemens. (1)

---

(1) C'est sur-tout le peuple français qui est menacé de ce danger, à cause de son enthousiasme naturel pour les innovations, et du peu d'effet que produit sur lui l'expérience. L'un de ses défauts les plus funestes est de s'endormir dans la sécurité : dès que le péril est passé il ne pense plus à ce qui a pu le faire naître. Voilà ce qui fut, il y a cinq mois, la cause de la chûte du gouvernement royal. Si l'on n'eut pas perdu sitôt de vue Bonaparte et les projets de ses partisans ; si l'on eut examiné activement la conduite de certains individus qui avaient eu de l'influence, et si les écrivains se fussent occupés avec plus de soin et de constance à signaler la dissimulation du parti anti-royal, les maux qui viennent d'affliger la France et les dangers effrayans auxquels elle a été exposée, et que j'indiquerai dans cet écrit, n'auraient point existé. L'apathie et l'insouciance finiront par perdre entièrement la nation si elles règnent désormais : on doit le dire et le répéter sans cesse. L'expérience la plus fatale lui a appris ce que valent les hommes ; comment on

Je vais faire le développement et l'application de ces idées générales. Je montrerai à ma nation le piége épouvantable que l'on tendit à sa crédulité et à sa confiance, et je ferai voir à ceux des membres des chambres qui purent être égarés, les tristes effets de leur ignorance et la responsabilité qu'ils ont prise aux yeux de l'univers, non-seulement à l'égard des évènemens présens, mais de ceux qui peuvent menacer l'avenir. Il est temps de se reporter vers les principes; il est temps de reconnaître et de proclamer que dans leur immuable existence se trouve le maintien de la société entière et celui de tout état isolé. Et pourquoi parlerait-on de constitutions; pourquoi se donnerait-on la peine de les établir, si les principes qui forment leur base sont sans cesse méconnus ou violés? Reconnaissez-vous barbares; ne parlez plus de civilisation, d'indépendance ni de liberté; résignez-vous à être les agens et les victimes du plus adroit, du plus fourbe ou du plus frénétique, ou attachez-vous irrévocablement aux principes, qui seuls ne changent point,

---

envisage les trahisons les plus criminelles dans ce dernier siècle, et combien elle doit par conséquent s'en défier. Il faut qu'elle suive pas à pas la marche des personnages qui entoureront son gouvernement: je dois ajouter que la situation présente demande une surveillance plus grande, puisque le parti révolutionnaire qui a voulu se servir de Bonaparte pour se relever lui-même, a annoncé ainsi qu'il n'avait pas renoncé à ses premières prétentions, et puisque ces dernières circonstances ont prouvé qu'une grande partie de Français inclinait pour ce système.

et qui seuls peuvent arrêter dans son cours le torrent dévastateur de la dépravation (1).

J'ai dit que les chambres avaient exercé l'usurpation la plus monstrueuse envers la nation, et avaient établi une tyrannie nouvelle, lorsque cette fraction des députés du peuple s'était formée en assemblée générale. Mais, en supposant même que les chambres eussent été composées de tous les députés de la nation, elles n'auraient pu, sans violer encore les droits de la souveraineté, et sans se montrer usurpatrices envers le peuple, se constituer en états généraux, et porter les décrets qui tiennent à la souveraineté, avant que la nation consultée ne les y eût autorisées. Quelle était la nature du mandat qui a réuni ces députés ? Il n'avait aucun rapport à l'exercice du grand droit de souveraineté; ils furent seulement envoyés pour porter un vote (2), et pour lui donner solennellement

(1) Les hommes nés pour courber leurs fronts devant toutes les tyrannies, et qui, par-là même, ne sentent aucunement leur dignité, me demanderont peut-être quel est mon droit pour juger les décrets et la conduite des chambres. Je répondrai que, comme membre de la nation, j'ai celui de réclamer contre les violations attentatoires à l'intérêt de ma patrie. Les membres de cette assemblée se sont soumis au jugement individuel de tous les Français, dès qu'elle a pris le nom de nationale et a agi en celui du peuple.

(2) Il est inutile d'envisager ici l'invalidité de ce vote : elle est reconnue par tous les Français éclairés. Mais peut-être serait-il nécessaire pour désabuser totalement le reste de la nation, pour la prémunir à jamais contre de semblables artifices, que l'examen impartial en fût fait et publié.

une garantie. Cette assemblée envahissait donc le pouvoir national, même dans le cas où la députation eût été complette. Elle a répété, mais d'une manière différente et bien plus audacieuse, la conduite de celle qui présida la première à la révolution, lorsque, usurpant ou rendant nul le droit de souveraineté, elle s'affranchit du mandat envers ses commettans; affranchissement qui devait avoir les résultats les plus funestes, et qui fut la cause réelle des maux et des crimes qui eurent lieu dans les époques qui succédèrent. Sans l'inviolabilité des membres de ces assemblées, la nation eût conservé le droit de révoquer ses députés : l'ambition de ceux-ci trouvait dès-lors le plus grand obstacle; et cette nation qu'ils ont chargée de leur opprobre, en la faisant croire participante à leurs actions, se serait montrée grande, équitable, et elle aurait conservé sa gloire en remettant ses intérêts dans des mains moins avides et moins cruelles.

Il est important d'observer, que, quand même le bien le plus grand eût pu être l'effet de la conduite de cette assemblée, elle n'aurait pu être absoute par la nation d'une manière absolue, dèsqu'elle aurait renversé la loi principalement fondamentale de l'état pour opérer ce bien. Qu'on se rappelle l'exemple de *Cicéron* dans la conspiration de Catilina : sans doute ce consul sauva Rome des plus grands désastres; cependant Cicéron fut exilé de la ville dont il était le libérateur, parce qu'il avait envahi un instant les droits du peuple, en se constituant dictateur sans y être autorisé (1). Voilà un exemple frappant que les chambres auraient dû avoir sous la vue: l'idée de celui bien plus redoutable qu'elles allaient donner, aurait dû suffire, même, sans leur responsabilité envers la nation, pour les faire renoncer à tout exercice de la souveraineté. Je dirai encore que ce principe est si sacré, quelles n'auraient pu le violer sans crime, quand elles auraient déclaré ne se saisir de ce droit, et qu'elles ne l'auraient réellement employé que pour déposséder le tyran.

Tous les raisonnemens dans lesquels entraîne naturellement l'examen du principe important qui constitue seul la liberté nationale, ne peuvent se trouver dans un écrit fait à la hâte et circonscrit dans son étendue; mais je crois en avoir assez dit pour frapper l'esprit de la multitude et réveiller la raison éclairée des amis des principes. Voyons maintenant comment les chambres ont usé de ce droit usurpé, et si elles ont droit à la clémence de la nation qu'elles ont méconnue et j'oserai dire avilie (2). J'exposerai, avant d'en venir à l'évènement

(1) Le rappel de ce consul fut un acte de clémence; mais la flétrissure de la justice nationale pesa à jamais sur lui.

(2) C'est sans doute un grand avilissement pour un peuple, de se voir ravir par quelques hommes ses droits les plus précieux; mais ce qui rend cet avilissement inoui et plus odieux pour les Français, c'est l'idée qu'ont eu ces députés qu'ils n'auraient pas assez de raison pour découvrir cette usurpation, et assez d'énergie et de courage pour revendiquer leur puissance et pour punir cet énorme attentat.

déplorable qui a compromis les droits et l'honneur du peuple français, quelle fut la conduite de ces députés à l'époque du rétablissement de la constitution de Bonaparte.

Ces chambres se sont constituées d'abord les appuis du trône de l'usurpateur, et lui ont donné tous les moyens de recommencer sa carrière ambitieuse, en mettant à sa disposition la partie des forces nationales dont elles pouvaient disposer, et déposant dans ses mains la fortune et le sang de tous les Français. Elles s'asservirent dès les premiers jours qu'elles furent en activité au despotisme de Bonaparte, et elles foulèrent, pour ainsi dire, aux pieds la constitution qu'elles venaient de proclamer, en autorisant ce dernier à attaquer les alliés avant que ceux-ci n'eussent commis aucune hostilité. Exista-t-il dans ces chambres aucune discussion relative à la mesure guerrière qu'on allait prendre ? Les chambres usèrent-elles du pouvoir que leur donnait cette même constitution de suspendre le fléau de la guerre ? Elles volèrent au-devant du vœu de Bonaparte, qui, par une attaque extravagante, croyait étonner ses ennemis et déranger ainsi leurs mesures et leurs desseins; et, ce qui est plus inconcevable, c'est qu'elles entrèrent dans ses vues lorsque, violant l'engagement qu'il avait pris à la face de l'Europe de laisser la France dans les limites où elle se trouvait depuis 1814, il leur déclara qu'il allait conquérir le Brabant. Elles auraient arrêté cette audace, si les volontés de cet homme n'eussent point été les leurs, et si elles eussent envisagé sous le plus simple rapport la sûreté de l'état, puisque cette première violation devait exciter naturellement l'indignation et le ressentiment des alliés, et rendre leur union contre le nouveau gouvernement de la France plus nécessaire et plus solide.

Si Bonaparte eût été heureux, si le sort eût pu couronner un instant ses armes, les membres de cette assemblée, qui ont parlé plus tard de la liberté publique (1), devenaient ses satrapes, et auraient abaissé devant son trône la nation entière, comme osèrent le faire ceux du sénat sous l'empire. Qu'on n'oublie pas que la pluralité des individus qui ont composé les dernières chambres, était formée par les mêmes hommes qui consacrèrent la tyrannie de Bonaparte dans le passé, qui la maintinrent de tout leur pouvoir; qu'on n'oublie pas aussi que, parmi les autres, il en est un très-grand nombre qui, après avoir exalté la liberté, ont préconisé le despotisme, et servi, pour ainsi dire, de marche-pied à son trône. Mais, il est une raison plus péremptoire pour juger exactement de ce que ces chambres auraient pu faire en faveur de la tyrannie, c'est ce

(1) En examinant les débats de ces chambres, l'on reconnaît qu'elles exaltaient, il y a un mois, les principes contraires au système qu'elles ont proclamé dans les derniers momens. Tous les législateurs des nations eurent un plan raisonné et invariable; il était réservé à la France de présenter au monde l'exemple unique d'une assemblée législative qui change en un instant de plan, d'objet et de but.

qu'elles ont fait dans le court intervalle de leur session pour la rétablir. J'exposerai plus bas les motifs secrets qu'on peut leur supposer, et je considérerai les espérances qu'elles purent avoir dans tous les dégrés de probabilité, car il est important pour une nation, comme pour un individu quelconque, sur-tout pour l'écrivain qui veut être utile, d'être juste en tout, et de ne prononcer que d'après l'évidence des faits et des raisonnemens. L'on verra, d'après ces rapprochemens divers, que si la volonté, considérée dans ses rapports directs avec le crime, peut être incertaine, la démence la plus complette et l'ignorance la plus absolue de tout ce qui est équitable, et utile doivent être attribuées à ces chambres.

Bonaparte est défait au premier choc, et il perd en un jour le reste de la gloire militaire de la France et cent mille citoyens de l'état. C'est ici le moment fatal où les chambres vont envahir le droit suprême de la nation ; c'est ici où elles vont prouver manifestement si elles ont agi pour les intérêts du peuple, par ambition personnelle ou par dévouement pour la tyrannie. Elles se forment en assemblée nationale. La constitution est dès-lors détruite, et Bonaparte se trouve, par-là même, déchu. En considérant la règle de la conduite qu'elles devaient tenir d'après le droit que cette nouvelle assemblée s'attribuait, l'on était porté à croire que leur premier décret prononcerait la déchéance de celui qui avait deux fois usurpé le trône, et que le deuxième serait la mise en jugement de l'homme qui, après avoir abdiqué il y a un an, était venu renverser le gouvernement établi et reconnu légitime par la nation. Etait-il besoin d'une nouvelle perte de 100,000 Français pour trouver des chefs d'accusation contre lui? Sa rentrée seule sur un territoire dont il était banni, et la guerre civile qu'il y avait allumée, pouvait rendre cette mesure équitable aux yeux de l'univers. C'était ce qu'attendaient tous les gens raisonnables et éclairés, c'était ce qu'espérait la partie même de la nation, qui est ignorante mais bien intentionnée; c'était ce qui pouvait seul anéantir l'idée qu'on n'avait pas voulu présenter un faux appât au peuple en lui promettant un accroissement de liberté; c'était enfin ce qui aurait pu pallier le crime de l'usurpation de cette assemblée, et lui mériter la clémence nationale, si elle eût arrêté là l'exercice de son pouvoir. Mais quels sont les décrets qu'elle porte? Celui de la proclamation de la gloire et de la magnanimité de Bonaparte, et celui qui assure la reconnaissance nationale à l'homme qui a mis l'Europe entière en deuil, et qui vient d'inonder les champs de la Flandre du sang français; et cela, parce que Bonaparte, dont l'audace est anéantie dès qu'il a vu périr sa garde, qui servait de voile et d'appui à sa lâcheté, croit pouvoir acheter, au prix d'un pouvoir usurpé, sa vie, qu'il présume devoir être ménagée par les alliés dès l'instant qu'il aura quitté le trône.

L'assemblée va plus loin : elle crée un nouveau monarque, en usurpant encore le droit qu'à la nation seule, et dont elle ne peut se dessaisir, de nommer son chef, lorsque le trône se trouve vacant par l'abdication, ou faute d'une suite de dynastie dont les droits soient établis par les anciennes lois fondamentales, ou par une constitution reconnue et authentiquement avouée par le peuple. Si Louis, on doit le dire, n'était pas le légitime héritier du trône, si les lois fondamentales de l'ancienne monarchie n'avaient point assuré ses droits, les couronnes, même victorieuses, ne pourraient avec justice forcer la nation de l'accepter pour roi avant qu'elle n'eût donné son libre assentiment. Cet assentiment unanime et bien connu des Français pourrait seul, dans tout autre cas, garantir légitimement la possession du trône à leur monarque. Je dois remarquer que, quand même l'assemblée aurait eu une existence légale, quand même le droit de faire cette nomination aurait été concédé aux grands corps de l'état par la constitution, le droit d'hérédité pouvait être contesté dans cette occasion, puisque cette hérédité du trône était l'effet de l'usurpation, qui détruit fondamentalement l'existence de tout droit. Ce n'était point, par conséquent, une minorité ordinaire sur laquelle on pouvait statuer sans difficulté : en outre, le droit constitutionnel étant équivoque, puisque la constitution n'avait pas été acceptée par la nation entière, la nomination qu'on proclamait était essentiellement nulle, et elle ne pouvait être qu'une cause de troubles et de longs malheurs.

Je ne m'arrête point sur la manière aussi indécente qu'audacieuse avec laquelle la proposition d'élever au trône le fils de Bonaparte fut faite par son frère et ses partisans les plus effrénés; je ne m'apésantirai point sur le ridicule de la nomination d'un individu qui est au pouvoir des couronnes qui ont mis Bonaparte hors de la loi commune des nations; mais je dois faire entrevoir le piége affreux que l'assemblée tendait encore en ce cas au peuple français, en laissant le gouvernement dans les mains de la famille de l'usurpateur. Je demanderai, en supposant à l'assemblée la résolution de résister désormais à la tyrannie, une volonté nouvelle de s'affranchir totalement du joug de l'oppresseur général, en présumant enfin une transformation complette en elle, je demanderai, dis-je, où était la garantie que Bonaparte n'aurait pas ressaisi lè pouvoir dès que la régence aurait été affermie? Des évènemens semblables sont-ils sans exemple dans l'histoire des peuples? Et est-il un seul trait d'audace dont Bonaparte ne puisse être réputé capable, d'après tous ceux qu'il a fait, lorsqu'il a pu les employer sans compromettre sa vie? Tous les Français éclairés, tous les politiques crurent qu'on cherchait à neutraliser l'influence du tyran, en lui promettant protection, mais que le trône resterait vacant; et ils supposaient ainsi à l'assemblée l'intention de traiter avec les puissances, ce qu'exigeait impérieusement l'intérêt national : mais, dès que le trône fut rempli, tout motif raisonnable de la part de cette assemblée disparut ; elle perdit le dernier de ses droits, et tout moyen d'éviter le désastre total de la France, que la volonté seule des alliés pouvait déterminer, fut détruit.

Entrons dans d'autres considérations, et nous verrons que cette assemblée était mue par l'ambition personnelle de ses membres. Cette ambition qui l'aveugla entièrement, la porta à créer un gouvernement de minorité pour pouvoir gouverner elle-même. L'idée seule que les minorités sont généralement orageuses, et que cette dernière devait l'être plus qu'aucune ne le fût jamais, puisque la pluralité des Français réprouvait le nouveau chef, aurait arrêté l'assemblée si le bonheur de la nation eût été son objet. D'un autre côté, dans son imprévoyance extrême, elle n'entrevit pas l'impossibilité de gouverner long-temps elle-même au nom de ce nouvel empereur, dès que l'Europe entière était intéressée à l'écarter du trône : enfin, si les chambres eussent été bien intentionnées, elles auraient découvert un nouveau danger pour l'état, que faisait naître cette nomination, et elles auraient cherché à le prévenir ; c'était celui de voir la France passer un jour sous la domination de l'Autriche. L'influence étonnante qu'aurait donné à celle-ci la régence occupée par l'Archiduchesse dans l'intérieur de la France, celle qu'elle vient d'acquérir, sous le grand rapport politique des forces, par l'occupation de presque toute l'Italie, la position actuelle de ses états relativement à ceux de la France, tout pouvaient favoriser dans l'avenir les desseins qu'aurait pu avoir cette couronne au sujet de l'occupation du trône français par elle.

Ce danger, que la conduite grande et désintéressée de cette puissance dans la circonstance actuelle semble devoir montrer comme chimérique, était pourtant vraisemblable, et son exécution était possible dans les temps postérieurs. L'assemblée était-elle assurée que l'Europe entière voulût se confédérer contre l'Autriche pour faire avorter ce dessein s'il était embrassé? Savait-elle si, à l'époque où la tentative pourrait être faite, la situation des autres grands états leur permettrait de se liguer contre cette puissance? Pouvait-elle en outre garantir la défaite de celle-ci dans la circonstance dont je parle, si le parti intérieur était venu à bout de décider la majorité des Français à reconnaître sa domination? Je dois remarquer ici que, lorsqu'il s'agit d'une mesure à laquelle tient essentiellement le sort d'un peuple, toutes les considérations doivent être envisagées et tous les évènemens probables calculés: c'est le seul moyen qui s'offre pour faire adopter celles qui sont utiles, et pour faire prévenir les évènemens désastreux. Ce n'est point la méthode des politiques modernes, je le sais: ils se circonscrivent dans le cercle des évènemens présens, n'envisagent jamais l'avenir, et ils supposent une immutabilité dans les choses qui ne peut jamais exister. C'est la faute d'envisager les mesures politiques sous leurs diverses faces, qui a préparé le bouleversement épouvantable dont nous venons d'être témoins; et cette même faute, si elle a lieu dans l'avenir , fera naître les plus grands désastres chez tous le speuples. J'ai cru cette digression utile.

Je reviendrai plus bas sur les vues qu'a eu l'assemblée au sujet de l'Autriche, et qui ont déterminé à un certain point la nomination du fils de Bonaparte. L'on sera convaincu , d'après l'analyse raisonnée de ce motif des chambres, qu'elles n'avaient envisagé aucun de ceux que je viens d'exposer, et qu'elles allaient tomber elles - mêmes dans le piége qu'elles tendaient à la fois à la France et à l'Autriche.

J'examinerai, avant tout, celui que cette assemblée put avoir à l'égard de Bonaparte, avant la dépossession de celui-ci. Il est possible qu'elle crut pouvoir l'arrêter dans sa marche, s'il sortait de la ligne dans laquelle il s'était rangé; mais l'espérance qui naissait de cette idée n'avait sans doute aucun fondement. Comment pouvait-elle compter d'arrêter un homme qui avait fanatisé les soldats au point qu'il pouvait faire décimer à chaque instant par eux les grands corps de l'état, et qui était parvenu, par un prestige inoui, qui était l'effet de son audace inexprimable, à persuader à un grand nombre de Français que l'état était en lui, et qu'il n'existait de liberté publique et de bonheur que sous sa domination. L'assemblée aurait-elle pu réussir dans le dessein de répression que je lui ai supposé, lorsqu'elle lui aurait donné une nouvelle armée de 800 mille hommes, et lorsqu'elle l'aurait entouré de 80 mille gardes qu'il avait l'art d'attacher à ses intérêts? Le passé ne lui avait-il pas prouvé que Bonaparte ne reconnaissait le pouvoir des grands corps de l'état que lorsqu'il s'agissait de sanctionner ses actions tyranniques; d'en mettre sur ces corps la responsabilité; lorsque dans les momens de malheur leur appui lui était nécessaire pour se procurer des troupes et de l'argent, et lorsqu'il avait besoin de s'abriter d'eux contre l'opinion du peuple? Si ces députés eussent eu pour but de maîtriser la tyrannie, c'est au champ de mai qu'ils auraient envahi le droit de souveraineté, et qu'ils l'auraient fait peser aussitôt sur l'oppresseur de la France. Ce premier jour devait être celui de la justice nationale et de celle de l'Europe : c'était en envoyant Bonaparte devant les tribunaux, comme un grand coupable, qu'ils l'auraient exercée, et qu'ils auraient prouvé à tous les peuples du continent que la France savait respecter leur volonté lorsqu'elle était légitime.

J'ai dit que j'exposerais le motif secret de l'assemblée concernant l'Autriche; le voici :

Elle espéra, en appelant le fils de Bonaparte au trône, et présentant ainsi à cette puissance la spectative de la domination indirecte de la France, de la détacher de la ligue, et elle se flatta même de l'armer en sa faveur (1). Je ne répéterai point ce

(1) Un fait prouve l'existence de ce motif; c'est la résolution qui fut prise par les chambres de communiquer particulièrement cette décision au gouvernement autrichien.

que j'ai dit ailleurs au sujet de cette mesure politique et du danger où elle exposait l'indépendance de notre patrie dans l'avenir ; mais j'entrerai dans quelques raisonnemens pour en faire voir l'extrême imprudence, que déterminait la non certitude du succès, pour montrer qu'elle était déshonorante pour la France, puisqu'elle reposait sur l'astuce et la perfidie, et enfin qu'elle était attentatoire à la gloire de l'Autriche.

D'abord, il fallait supposer dans le gouvernement autrichien tout oubli d'honneur et de foi envers ses alliés, et il fallait être convaincu que ce gouvernement porterait la folie et l'absurdité au même point que Bonaparte, en le faisant affranchir tout-à-coup de cette espèce de loi commune qui règle en ce moment les actions des peuples européens, et les unit tous par le lien de l'intérêt général. Mais ce gouvernement, en renversant *Murat*, en résistant aux propositions les plus avantageuses que lui faisait Bonaparte, et en se montrant l'un des plus énergiques soutiens de la volonté européenne, s'était cependant mis assez à découvert pour que l'idée de sa trahison envers la ligue pût être conçue. Enfin, poussant l'argument plus loin, et supposant même la dégradation morale, que Bonaparte, en jugeant d'après ses sentimens, a attribué aux couronnes, en ne raisonnant enfin que d'après la situation des choses, et comme aurait pu le faire l'un de ces députés, qui aurait connu l'état politique de l'Europe et les intérêts principaux de l'Autriche, je dirai aux membres de l'assemblée qu'ils auraient dû voir qu'il était impossible que cette puissance se détachât de la confédération générale, dans le moment où elle avait besoin de s'affermir dans sa domination italienne; lorsque les armées de tous les peuples du nord étaient dans le voisinage de ses états restés sans défense; lorsque la cour de Vienne avait la certitude que la majorité de la France repoussait le gouvernement de la famille de Bonaparte, et sur-tout lorsque la partie la plus énergique des peuples autrichiens était prononcée contre tout ce qui avait tenu à cet homme. L'assemblée aurait dû considérer en outre, que le gouvernement autrichien soupçonnerait son intention et serait défiant sur la garantie qu'on lui donnerait. Les hommes qui firent la révolution pouvaient-ils se flatter de lui inspirer de la confiance? Ne se rappellent-ils pas que ce gouvernement fut leur plus dangereux et leur plus implacable ennemi? Il est d'autres raisons non moins importantes pour combattre ce motif des chambres, mais sur lesquelles je dois garder le silence. J'en ai exposé d'assez fortes pour mettre les Français dans le cas de l'apprécier. Je suis honteux d'être entré dans ces développemens, car il semble que c'est un espèce d'outrage fait à une puissance qui vient de montrer un caractère si ferme, tant de magnanimité; qui est enfin l'une de nos libératrices. Mais, qu'elle me le pardonne: la situation de la France exige que tous les motifs de cette assemblée soient bien connus, et que l'imprudence ou la perfidie en soient bien démontrées, pour que ma nation se tienne désormais en garde contre ces esprits exaltés et ces hommes ambitieux qu'on peut regarder comme les perturbateurs de l'ordre social, qui, en excitant en elle un enthousiasme irréfléchi, tantôt pour un systême que ses mœurs, son caractère et l'intérêt européen qui s'établit sur la paix, l'union et la justice générale reprouvent, et tantôt pour un homme qui n'avait pour but que de l'opprimer et de la déshonnorer, et avec lequel ils croyaient partager les dépouilles de l'Europe, l'ont entraînée pendant vingt-cinq ans dans la carrière où se trouvent tous les désastres. Cette dernière, ainsi que l'Autriche elle-même, ont à gagner en cela, puisque l'ordre qui régnera dans la France, lorsqu'elle sera paisible et sagement gouvernée, sera le garant de l'harmonie et du calme intérieur de tous les états.

Examinons maintenant les espérances de cette assemblée. Elle se persuada pouvoir, en employant la tactique que mirent en œuvre celles de la révolution, en imposer aux puissances, c'est-à-dire, en menaçant de nationaliser totalement la guerre en armant le peuple entier, et en présentant l'appareil qu'offre un corps investi de tous les pouvoirs, et entouré de toute la confiance du peuple. Elle crut ainsi les forcer à négocier, et à donner une garantie à la constitution qu'il lui plairait d'établir. Dans son aveuglement, elle se flatta de voir tous le Français se lever indistinctement à sa voix, et la seconder de tous leurs efforts, si cette négociation ne réussissait point. Enfin, lorsqu'elle vit l'impossibilité d'une levée générale, elle espéra pouvoir, avec les ressources que lui offrait Paris, celles des départemens voisins, et à l'appui de l'armée qu'elle avait formée des débris de celle vaincue à Vaterloo, faire une résistance assez forte pour déconcerter les alliés et les contraindre à évacuer aussitôt la France. Je vais envisager les fondemens de ces espérances, pour faire entrevoir sous d'autres faces l'impéritie et l'égarement des hommes qui avaient pris l'engagement solennel de sauver les destins et la gloire de l'état.

Comment purent-ils se persuader que les nations de l'Europe qui raisonnent et savent envisager les choses, et qui, différentes des Français, ont une mémoire, pourraient faire attention à cette menace de nationaliser la guerre, lorsque celles-ci, étant au sein de la France, découvraient l'apathie et l'insouciance des pays les plus dévoués à Bonaparte, et qui tenaient le plus au système adopté par les chambres? Comment purent-ils penser que les alliés ne regarderaient point comme une jactance la menace d'armer la nation entière, quand les trois-quarts et demi de notre territoire, étant occupés par les troupes étrangères, la leur signalait si ouvertement? Comment l'assemblée put-elle croire que ses déclarations influeraient sur les résolutions des monarques, sur-tout lorsqu'elle manifestait encore un dévouement absolu pour l'homme qu'ils ont proscrit ? Les alliés ont dû voir un piége dans ses propositions, et l'assemblée, en parlant des constitutions de l'empire, et élevant au. trône, d'après ces constitutions, le fils de Bonaparte (1), s'ôtait tout droit de réclamer la promesse des couronnes, puisqu'elle en détruisait elle-même le principe.

Les membres de l'assemblée ont-ils ignoré, ou feint d'ignorer, que la constitution impériale était proscrite avec Bonaparte, en tout ce qui a rapport à lui et même sous le rapport général, comme je l'ai prouvé ci-dessus, et que c'était-là l'esprit de la déclaration des couronnes ? L'idée relative à cette déclaration est très-importante; c'est le nœud essentiel; et, dès l'instant qu'il est dénoué, toutes les proclamations et tous les décrets de cette assemblée sont reconnus contraires à l'intérêt de l'état et opposés au but où l'on voulait atteindre.

Je ne répéterai point le commentaire que viennent de faire les couronnes, de leur déclaration, qui donne l'éclaircissement dont j'ai parlé de la manière la plus positive; mais je veux faire voir, par une réflexion simple, que cette déclaration ne pouvait avoir une autre base, et ceci n'aurait pas dû échaper aux chambres.

---

(1) Il est une chose, dans la conduite de cette assemblée, qui annonce une confusion absolue de principes et une inconséquence sans exemple; c'est de la voir créer un roi en vertu des constitutions de l'empire, et annoncer en même-temps que ces constitutions ne doivent plus exister, puisque de nouvelles lois fondamentales vont leur succéder.

L'appel du fils de Bonaparte au trône lui conservait à lui-même une influence réelle dans la France, comme je l'ai observé ailleurs ; d'après cela, la résolution des couronnes, qui voulaient l'écarter à jamais de ce pays et y rendre son parti impuissant, aurait été nulle si cet article des constitutions eût été exécuté. Enfin, les constitutions entières qui détruisaient le résultat qu'elles ambitionnaient, étaient encore, par cette dernière raison, proscrites par la déclaration. Ce qui confirmait d'avance cette interprétation, c'était les sacrifices énormes que les couronnes ont fait pour la faire respecter. C'est le comble de l'absurdité, de la part de l'assemblée, de n'avoir pas entrevu qu'on ne peut faire un armement si important et si onéreux, et qu'on ne peut suspendre le commerce, l'industrie de tant d'états, qu'on ne dérange point, en un mot, toute leur harmonie intérieure, sans avoir un but fixe et sans envisager un résultat certain.

Si les chambres eussent déclaré le trône vacant, si elles eussent totalement anéanti les constitutions de l'empire, et si elles eussent fait aux alliés la proposition de faire prononcer librement le peuple sur sa constitution et sur le chef qu'il voulait se donner, et si ceux-ci l'eussent rejettée, alors seulement on aurait pû les interpeller au sujet de leur déclaration ; alors seulement on aurait pu les accuser d'attenter à l'indépendance nationale ; mais l'on n'aurait pu déclarer encore que le peuple français était opprimé par eux ; car les couronnes auraient pu opposer à cette dernière accusation le droit qu'elles avaient de demander légitimement à la France des indemnités pour les sacrifices que les dernières guerres avaient occasionnés à tous les peuples européens, et dont l'ambition de Bonaparte fut l'auteur, ou de s'en saisir par la force. Dès l'instant que le trône eût été rendu à Bonaparte, la nation devenait évidemment responsable de toutes ses entreprises onéreuses pour les peuples, ainsi que de tous les désastres qu'il avait fait naître. L'on voit, par ces dernières idées, avec qu'elle légèreté cette assemblée portait les déclarations les plus importantes et les plus injustes ; et cela dans le moment où l'état, presqu'entier, était conquis, et lorsqu'on devait garder les plus grands ménagemens envers des nations que l'audace irrite au dernier point, et qui se sentent étayées par la justice.

Voilà des explications que la conduite imprudente de cette assemblée force à donner, et dont la raison des Français ne peut méconnaître l'exactitude. Nous devons à ces députés insensés le malheur d'être obligés de proclamer nous-mêmes notre honte; mais l'équité et l'honneur national l'exigent. Il faut savoir avouer ses torts, les expier par un repentir sincère, et les faire livrer à l'oubli par une conduite nouvelle.

Si l'on suit la série des imprudences de cette assemblée, on la voit, dans sa séance du 3 juillet, déclarer qu'elle a nommé une commission pour s'occuper du sort de Bonaparte et de sa famille. Elle donnait ainsi un appui légitime aux alliés dans leur décision de ne point négocier avec elle; on écartait par-là tout rapprochement, toute conciliation; on exposait Paris et la partie de la France occupée par les armées étrangères à tous les désastres; on pouvait enfin déterminer tout-à-coup le démembrement de l'état, en montrant cette obstination à respecter et à soutenir celui que l'Europe avait mis hors de la loi commune. Qu'on me reponde: n'était-ce pas la braver, et lui annoncer qu'on ne voulait entrer dans aucune de ses vues? N'était-ce pas éluder entièrement sa déclaration et l'autoriser à la révoquer, que de ravir Bonaparte à sa justice, et de lui ôter le droit de la clémence, si elle avait pu être exercée envers lui?

Si l'on jette un coup-d'œil sur l'espoir du succès qu'eût sans doute cette assemblée, en opposant la résistance aux armées ennemies, on ne peut regarder encore cet espoir que comme l'effet de l'irréflexion e du délire. L'on doit gémir en voyant les maux qu'il a enfantés, et l'on doit frémir en envisageant ceux infiniment plus grands qui pouvaient en être la suite. Il est inconcevable que les chambres n'aient point vu que lors même qu'elles auraient pu parvenir à vaincre les armées qui étaient sous Paris, avec les ressources que leur offraient la ville et les soldats qu'on avait réunis, elles n'auraient pu le faire qu'en perdant la moitié au moins de leurs défenseurs, et que les armées russes, les grandes armées autrichienne et prussienne, celle des Suisses, etc., qui étaient intactes, entreraient successivement dans la ligne du combat et dans un état de forces plus que sextuple de celles qui leur resteraient à elles-mêmes? Quatre grandes batailles gagnées n'auraient pu assurer leur triomphe, à cause de l'opiniâtreté guerrière des nations du nord, de leur obstination connue dans les entreprises, quand cette obstination est nécessaire à l'intérêt qu'elles ambitionnent, à cause des avantages immenses que leur procurait l'occupation du territoire et l'appui d'une partie imposante de la population. Mais, supposons cette défaite absolue des armées étrangères, qui était totalement invraisemblable: l'état entier n'était-il pas dévasté dans la retraite? La possession de nombre de places fortes n'offrait-elle pas aux armées alliées une ressource d'asile et la facilité de recommencer les attaques? Avec quels moyens le nouveau gouvernement aurait-il soutenu la longue guerre qui aurait eu lieu quand la France aurait été dans un état de ruine complet? Qu'aurait pu, même dans son désespoir, un reste de population réduite à la plus affreuse misère; car on ne peut douter que le ravage n'eût été général, puisque l'ennemi, comme je l'ai dit, occupait tout le pays? Il n'est pas un seul être, même ignorant, mais doué de raison, qui n'ait entrevu ces conséquences, qui étaient naturelles dans cette situation, et qui n'ait ainsi reconnu la fausse conduite de cette assemblée et le danger de ces espérances, qu'elle voulait communiquer imprudemment à la fraction du peuple qu'elle gouvernait.

En supposant à présent la victoire de l'ennemi, quetoutes les probabilités montraient certaine, comment l'assemblée n'a-t-elle pas senti qu'elle s'ôtait par une défense opiniâtre tout droit aux conditions avantageuses pour le peuple et à une capitulation favorable pour elle ? Et peut-on dire qu'elle conservait ce dernier droit, lorsqu'elle exposait les habitans de Paris et ceux des campagnes voisines réfugiés dans son sein, à périr de misère (1), et quand, par cette opiniâtreté, elle excitait les assiégeans, déjà lassés de la résistance et irrités par la perte de leurs soldats, à pénétrer au sein de Paris le fer et la

---

(1) Je ne puis m'empêcher de parler ici de la souscription faite dans les chambres pour venir au secours des malheureux. Le sacrifice de 60 francs fait par chaque membre était-il assez grand pour qu'on ne soupçonnât point ceux-ci d'égoïsme et d'avarice ? Ne devaient-ils pas abandonner à un peuple qui ne pouvait recevoir aucun soulagement du dehors le traitement entier ? Et ne peut-on dire que si l'amour du peuple et le véritable esprit de liberté et d'indépendance eussent animé ces députés, ils devaient déposer tous leur fortune sur l'autel de la patrie ? N'était-ce pas là la conduite de ces Spartiates et de ces Romains des premiers temps de la république, que depuis cinq lustres ils disent vouloir imiter ? Que ces députés se rappelent, en rougissant, qu'au siége de Paris, dans une situation non moins déplorable que celle dont nous sommes témoins, Henri IV leur donna cet exemple envers ses ennemis-mêmes. *Le Bearnais est pauvre*, disait-il aux malheureux parisiens, en leur donnant son dernier sou : *mais il fait tout ce qu'il peut pour le peuple.*

flamme à la main, et à y exercer le plus horrible des désastres. L'assemblée ne devait pas oublier que c'est le droit de la guerre dans les assauts. La France aurait-elle eu à se plaindre, lorsque les couronnes lui aurait observé que cent villes de l'Europe ont éprouvé ce malheur de la part de Bonaparte et de ses soldats, et lorsqu'elles auraient mis sous ses yeux l'effrayant tableau de leurs campagnes pillées et dévastées ?

Je vais faire entrevoir un nouveau danger que l'obstination des chambres pouvait faire naître, qui, sans le bras de l'étranger, pouvait anéantir la France, en y établissant une guerre civile générale, et qu'elles auraient dû encore pressentir. C'était la formation d'une seconde assemblée et d'un nouveau gouvernement dans une autre ville que Paris, où les couronnes pouvaient appeler les députés libres des départemens qui n'avaient point voté. C'était un schisme affreux qui se formait en France. Elle allait se trouver dans les mêmes agitations que sous Charles VII et les premiers Henris : que dis-je! la situation eût été mille fois plus horrible, à cause de l'esprit de rage et de démence qui est plus propre à ces derniers temps. Qu'aurait pu alors l'assemblée de Paris contre celle qui aurait été soutenue par l'Europe, et qui aurait eu pour chef de son gouvernement le légitime héritier du trône français, le même prince qui, il y a quinze mois, fût reconnu constitutionnellement par la nation; et que devenait Paris lui-même dans cette situation ? Cette capitale était perdue pour jamais.

Remarquons une nouvelle décision des chambres, qui démontre à son tour l'inconséquence de leurs membres et leur non-fixité sous le rapport d'aucun principe. Elles proclament d'abord l'existance de la constitution de Bonaparte, consacrent par-là même celle d'une noblesse héréditaire, et, l'on pourrait dire presqu'au même instant, les membres qui ont assuré que le corps de la noblesse est indispensable dans une monarchie, en s'étayant des principes des publicistes, proposent la destruction de la noblesse et reconnaissent qu'une monarchie peut exister sans ce corps intermédiaire : mais, dans ce dernier cas, ils ne se fondent sur aucune maxime ni sur aucun raisonnement qui puisse appuyer leur décision. Comment des idées si opposées ont-elles pu entrer dans la tête de ces individus, et comment ont-ils osé les proclamer et les consacrer fondamentalement ? Il faut qu'ils supposent qu'il n'existe aucun Français raisonnable et éclairé, pour croire qu'une conduite aussi versatile ait pu leur conserver la confiance. Il n'est pas inutile de faire entrevoir que, dans les délibérations de ces chambres, qui semblaient devoir présenter tant d'intérêt sous le rapport des principes, rien n'a été approfondi. Ne vous mêlez point d'être législateurs ou orateurs publicistes, dirai-je à ceux qui ont voulu et voudront encore siéger dans les chambres, ou connaissez les véritables maximes d'état. J'ajouterai qu'il ne suffit pas d'avoir ces lumières ni le sentiment tacite de ses talens ; il faut que la nation soit convaincue qu'on les possède; et cela ne peut être que lorsque, dans les discussions publiques, les principes sont sans cesse exposés, et que l'application en est faite avec clarté et exactitude. Je dirai, en outre, aux aspirans aux grands emplois, ne vous mêlez point de gouverner les états si vous ne possédez ces vastes lumières qui font prévoir les évènemens, en font apprécier d'avance les effets, et que possède le véritable politique. Que l'exemple des chambres, sous le rapport de la nullité de talens politiques, serve au moins à borner la présomption d'un grand nombre d'hommes qui croient pouvoir régir un état dès l'instant qu'ils ont classé dans leurs têtes quelques maximes et quelques phrases des publicistes. On a vu, depuis vingt-cinq ans, qu'aucune de ces maximes utiles n'a été mise en œuvre, et cela parce qu'il faut des talens pour en faire les développemens et les applications d'une manière précise, les publicistes les ayant présentées généralement d'une manière succinte et souvent obscure. Si celle de Montesquieu, relative au rapport des gouvernemens et constitutions des peuples avec les mœurs, caractère, sentimens de ceux-ci, etc., eût été bien connue par ceux qui commencèrent la révolution, et sur-tout par les membres de l'assemblée de Bonaparte, ils n'auraient pas voulu sans doute donner la constitution des Lacédémoniens à un peuple amoli par le luxe, et dont le caractère a éprouvé le plus grand affaiblissement, comme cette dernière circonstance l'a prouvé.

Venons à d'autres idées qui prouvent que la conduite des chambres, dans les derniers momens, tenait à leur obstination particulièr e.

La proclamation du roi datée de Cambrai, dont elles eurent connaissance en comité secret, ne devait-elle pas les rapprocher aussitôt de leur monarque? Le roi, dans cette dernière déclaration, adoptait naturellement les principes fondamentaux qu'elles discutaient inutilement, en proclamant son intention de rétablir la charte royale, dont ces principes faisaient généralement la base. Le prince rendait toute discussion et toute réclamation à ce sujet inutiles, en manifestant son intention de rétablir d'une manière absolue la liberté publique, car c'est le sens des paroles de sa proclamation. Il annonçait ainsi l'adjonction à cette charte des moyens propres à opérer cette fin, et le rétablissement, dans leur plénitude, des principes qui avaient été trop modifiés (1) : en outre, ces chambres auraient dû

---

(1) Les chambres, pour entraîner le peuple par son intérêt principal, celui de sa liberté, ont feint de supposer que la charte royale ne contenait rien de favorable à cette liberté. C'était une ruse perfide qui avait sa source dans l'idée méprisable qu'elles ont de la nation. Elles ont voulu tirer parti de l'ignorance de la multitude et de l'irréflexion des autres Français, qui, en général, on ne peut le nier, lisent sans se donner la peine d'approfondir, et se laissent, par cette raison, entraîner par toutes les opinions. Les chambres ne pourront jamais se justifier de cette œuvre d'audace et de mensonge. Le piége sera à découvert aux yeux de tous ceux qui examineront analitiquement cette charte. Ils verront qu'elle ne diffère que par quelques principes, la

cesser leurs séances et abandonner leurs fonctions, sitôt qu'elles virent, par la réponse des couronnes, qu'elles révoquaient la validité de leurs droits; sitôt que la proclamation du roi, qui annonçait positivement qu'il allait nommer d'autres chambres, leur fut notifiée, et lorsqu'elles virent leur prince, maître de la France et de la capitale, arrivé sous ses murs. En s'opiniâtrant à vouloir lui dicter la loi et à le forcer d'entrer en négociation avec elles, ces chambres signalaient le motif particulier de se donner ainsi une illustration, et fomentaient en même-temps les désordres dans la France. La nation restait flotante dans l'incertitude sur le dernier évènement; et les hommes mal intentionnés excitaient par-tout la discorde et préparaient des désastres généraux, qui auraient eu lieu infailliblement si la force des alliés n'eût point été aussi imposante. Les chambres nourrissaient encore les ressentimens, et

---

plupart secondaires, du système présenté d'abord par ces mêmes membres qui l'ont repoussée. Je dirai encore à ce sujet que, malgré le discrédit où durent tomber les chambres en proclamant alternativement deux systêmes contraires, la déclaration des droits qui tenait au dernier, et qui indiquait une constitution essentiellement démocratique, a opéré un très-grand mal. Elle a soulevé les passions des hommes qui espéraient, sous cette espèce de gouvernement, qui ne peut jamais être établi de manière à maintenir l'ordre et la police dans un état, pouvoir exercer impunément leurs rapines, et se couvrir sans danger de tous les crimes. Enfin, l'on ne peut dire que le mal né de cette imprudence ne se fera point ressentir à un certain point dans l'avenir.

je dirai la rage des militaires dévoués à Bonaparte, et exposaient, de la part de ceux-ci à tous les périls, les amis de l'ordre et de la justice, qui sont tous dévoués au roi, par la simple raison que Louis les a gouvernés avec modération, et leur a indiqué qu'il ferait triompher ce sentiment ainsi que l'équité et la sagesse sous son règne.

Je crois avoir présenté d'une manière exacte la conduite des chambres, et avoir mis tout Français dans le cas de la juger.

J'exposerai, avant de finir cet écrit, quelques idées relatives à la proclamation faite par le roi à sa rentrée dans ses états, qui ont pour but de prévenir tout argument sur son motif, et qui me paraissent très-utiles dans un moment où l'obstination et l'esprit de parti privent nombre des Français de tout entendement. Ceux qui ont mal apprécié le caractère du roi, supposeront peut-être que les promesses contenues dans cette déclaration couvrent un piége et sont l'effet de la nécessité.

Je leur dirai d'abord, que la déclaration porte sans doute un caractère assez énergique pour ne pas faire présumer les ménagemens de la faiblesse. J'ajouterai que toute promesse du roi dans cette circonstance devient trop solennelle, pour qu'on puisse former seulement le soupçon de sa réalité. Qu'on songe que ces promesses sont faites devant tous les grands souverains de l'Europe, et ne peuvent, par-là même, être déguisées ni sans exécution. Qu'on envisage que le roi doit conserver l'estime des peuples et des souverains, après l'avoir obtenue et méritée.

Ces rapprochemens doivent rassurer tous les Français. C'est peut-être l'époque de l'histoire des hommes où la morale politique ait été le mieux observée ; l'union qui existe entre les souverains le prouve ; l'on ne peut trop les féliciter d'avoir donné cet exemple au monde, d'avoir entrevu qu'une conduite semblable était commandée, et d'avoir sacrifié toute passion et tout intérêt secondaire à celui qui avait rapport au rétablissement de l'harmonie et de la paix européenne.

www.ingramcontent.com/pod-product-compliance
Ingram Content Group UK Ltd.
Pitfield, Milton Keynes, MK11 3LW, UK
UKHW020458230726
13925UKWH00005B/2025

9 782014 041583